# 꿈결

최유수

도어스프레스

꿈결

초판 1쇄 발행  2023년 10월 27일

지은이  최유수
펴낸이  최유수
펴낸곳  도어스프레스
출판등록  제2019-000145호
주소  서울시 종로구 통의동 12, 3층
이메일  doorspress@gmail.com

ISBN 979-11-978828-4-5 03810

이 책의 판권은 지은이와 출판사 도어스프레스에 있습니다.
책 내용의 전부 혹은 일부를 재사용하려면 반드시 서면 동의를 받아야 합니다.

## 들어가는 말

언어로 느낌을 스케치한다.

내가 수집한 단어들로 그린 무수한 그림들이 당신에게서 당신만의 느낌으로 움트는 일.

그런 순간들을 액자에 담아 벽에 걸어두는 일.

어렴풋한 마음을 다독이면서 고요한 꿈결 속으로 걸어들어가고 있다.

2023년 9월
최유수

# 꿈결

## 차례

들어가는 말

설원에 떠다니는 말들 11

투명 유리문 15

경계선 18

사라반드 23

수목원 28

물의 몸과 젖은 개 31

사랑의 파사드 35

시계추 44

시계추 49

시계추 51

무인칭의 집 56

무인칭의 집 59

무인칭의 집 62

무인칭의 집 65

꿈결 68

언메이드　79

모든 이를 위한 것은 아닌　84

내 것이 아닌 단어들과 어느 누구의 것도 아닌 일기장　92

내 것이 아닌 단어들과 어느 누구의 것도 아닌 일기장　97

내 것이 아닌 단어들과 어느 누구의 것도 아닌 일기장　101

캐스팅 디렉터　107

알리바이　110

알리바이　116

꿈결

## 설원에 떠다니는 말들


나 이제 더는 할 말이 없어
하나도 없어

백지 위에는 가냘픈 빛과 그림자뿐
잠든 너의 숨결뿐

손톱처럼 물어뜯는다 자라나는 종이 모서리를

결국 막다른 길에 이르렀을 때 이렇게 생각하면 다시 쓸 말이 생겨난다
너의 그 말이 거짓인 거라면
완벽한 거짓이었다면

마침표는

있던 것의 빈 자리에서 탄생한다

(    )
나와 함께 빈칸을 채워볼래?

쓰고 싶은 걸 써
네 축축한 불안이라도 가져다 써

별말이 아니라도 좋으니
빛으로라도 써

무표정한 청중들로 가득한 어느 공연장의 재채기 같은 것이라도 좋아 어느 한적한 놀이터의 순식간에 끝나버리는 미끄럼틀 같은 것이라도 좋아

읽고 싶어 나는 너를
나는 너를 잊고

목소리가 아닌 것의 속삭임으로부터 무한에 가까운

이야기가 시작되고 그건 다 내게서 비롯된 이야기들이다 복잡하고 모순되고 아무렇게나 읊어지는 주문이나 중얼거림일지라도 알고 보면 다 나 자신의 파편들이다

    마침표의 동굴 속으로 깊이 파고들어가서 형형색색의 돌들과 거기에 새겨진 이름들을 외운다 밖으로 꺼내질 수 없는 계절의 말들을 녹음한다 동굴 밖에선 옛날에 잃어버린 문장들의 복원과 재건을 거듭하는 중이다

    나는 나를 받아쓴다
    내가 나를 받아쓴다

    제발 쓰고 싶은 걸 써
    다른 건 조금도 신경쓰지 말고

    깨끗한 백지야말로 눈부신 소우주이다

    빈칸의 지붕
    그 위로

유령 같은 눈이 내린다

처음엔 소리없이 그러다 앞이 보이지 않을 만큼 거센 눈으로 바뀌어 무릎 높이까지 쌓이고 나면

그제야 빈칸에 첫발을 내딛는다

길이 열리고
마침표가 지나간다

## 투명 유리문


응 괜찮아
조금 울고 왔어

뭐라 말해야 할까
그러니까 음

너는 사람 마음을 믿어?

마음이란 게 도대체 어디에 있는 줄 알고
그러니까 마음이란 게 정말
있기는 한 건지

발 아래로 깊이 열려 있는 심연 같은 거래
그리로 굴러떨어지진 않는

마주보고 서면 눈에 들어오진 않는
나만 알 수 있는
그늘

사람 다음에 마음
사람 아래 마음
사람 속 마음
그늘

높다란 마음은 무엇으로 쌓아지지

눈빛들
예감들
악보들

아니 내민 손들

그런 생각들로 뒤척이다 밤을 새고 말았어
하루종일 말을 잃고 말았어

어렴풋해지고 말았어

꿈에서는 투명한 돌을 보았어
줍지는 않았어

끌어당기는 마음은 짐이 될 뿐이야
가벼워졌음 좋겠어

구겨진 지도를 양손에 들고
끝까지
걸어가봤음 좋겠어

너는
네 마음을 믿어?

## 경계선

일기를 썼다

작년 겨울에 선물받은 《강낭콩》이라는 제목의 그림책을 아홉 번째 읽었다 평범한 수사들로 가득한 편지를 쓰다가 중정으로 나가 화분에 골고루 물을 준 다음 쫄깃한 껍질의 캄파뉴를 노릇노릇하게 구워 사과 슬라이스와 절인 올리브를 곁들여 먹었다 오전 내내 세탁기와 청소기를 돌리고 원형 테이블에 둘러앉아 트럼프 놀이를 한다 말없이 카드를 섞고 칩을 나눴다

빈 자리가 꽤 많아졌구나 어느새

나를 찾아오는 플래시 포워드Flash Forward*는 내 것일까?

정말로 내 기억일까?
아니라면 누구의 것이지?

아무 생각 없이 빵을 씹는다

멀리 보이는 자작나무 두 그루와 눈이 마주친다
원래 저기에 저렇게 서 있었나?

끈적이는 어둠 속에서
반짝이는 것

프란츠 리스트Franz Liszt의 《위안Consolations No.30》이 흘러나온다

누구나 상처와 후회를 안고 가는 거지 뭉뚱그려진 채로 최선의 진실을 좇는 거지
행복을 조금 덜어내야 할지라도 어쩔 수 없지 불에 타버린다고 해도 다 타서 끝내 소멸된다고 해도 우리가 우리를 돌이킬 수 없게 된다고 해도 꿋꿋이 모든 걸 걸고

싫어질 때가 있지

　네 일기는 가끔 끔찍해

　쓰고 싶은 걸 쓰다 보면 다 태워버리고 싶고 모조리 다 태워버려도 남는 건 결국 남는다고 했다

　옳고그름의 문제가 아니라 취향 차이인 거지

　있던 것의 빈 자리에서 당신 자신의 이야기는 새롭게 태어난다 의외의 드라마가 펼쳐지기도 하고 내 안의 괴물과 맞서 싸우기도 하고 꾸벅꾸벅 졸다가 눈보라에 하얗게 설몰되어 구조대를 기다리기도 한다

　이방인일 때에만 멀쩡히 돌아다닐 수 있다

　베일에 싸인 마음의 밀입국자들

　말해줄 수 있는 것이 별로 없지만 솔직히 나는 그런

모순을 언제나 그리워한다

　　서로 다른 목소리가 하나의 바람결처럼 나를 부를 때 정신을 차리고 보면 나 자신조차 그게 뭔지 모르는 그저 써야 하는 걸 쓰고 있을 때 차원 바깥의 누군가가 나라는 존재를 잠시 빌려 쓰는 것이고 나는 그저 부르는대로 받아적는 사람이 된 것 같을 때 오래 간직해 온 마음이 양쪽에 있고 그것의 모호한 가운데를 찾아 헤맬 때

　　부서진 예고와 잔해는 이제 누구의 것이지?

　　관찰자 혹은 목격자
　　전지적 서술자
　　심리 묘사를 위한 묘사들

　　내가 나의 영원한 이방인임을 깨달았을 때

　　나와의 대화가 때로는 너무나 지겹다 수천 개의 인터넷 탭이 한꺼번에 활성화되어 있는 기분이다

페이지를 찾을 수 없습니다

무엇 때문에 집착하는지?
무얼 위해 그리 몰두하는지?

왜냐고
왜 묻는지?

나와
가깝게 지낼수록
현재는 현재가 되지 못하고
잔상이 되어간다

\* 미래의 시점에서 이야기하는 기법. 시간이 순차적으로 흘러가는 것이 아니라 그 반대로 이야기가 전개된다.

## 사라반드

　사카모토 류이치Sakamoto Ryuichi의 유작 앨범 《12》에 수록된 <20220302—사라반드Sarabande>가 흘러나온다 투병 중이던 그가 일상을 스케치하듯이 쓴 곡들의 모음이다 다른 곡은 모두 그 곡을 완성한 날짜가 제목인데 한 곡에만 특별히 '사라반드'라는 부제가 붙는다 사라반드는 미뉴에트Minute 샤콘느Chaconne 등과 같이 바로크 시대의 유럽에서 성행했고 완만한 속도의 고전 무곡으로 장중하고 암담한 표정을 띤다 이 춤은 처음에는 퇴폐적이고 외설적이었어서 세르반테스Cervantes가 지옥에서 발명된 춤이라고 말한 바 있다 몇몇 지역에서는 금지되기도 했고 이후 이탈리아와 프랑스로 전파되면서 기존의 음악보다 상당히 느려졌으며 감상용으로만 제작되었다 4악장 중 3악장에 사라반드를 넣는 관행이 생겼다 바흐가 골드베르크 변주곡에 사용했고 클로드 드뷔시Claude Debussy나 에릭 사티Erik Satie도 즐겨 사용했다...... 헨델의 사라반드는 영화나 드라마에서 자주 사용되어 누구나 어디선가 한 번쯤 들어봤을 정도로 귀에 익숙한 음악이고 범접할 수 없는 거대한 벽 앞에 서 있는 듯한 느낌을 주는데 그에 반해 사카모토의 사라반드는 오랜 시간에 걸쳐 서서히 풍화되어 앙상한 뼈대만 남은 듯한 인상을 준다

    음과 음 사이에서
    고대의 키릴 문자로 이루어진 얼굴이 나타난다
    내일과 모레의 사이에서처럼

    사라반드
    오 사라반드
    소중한 것의 이름으로서 전혀 손색이 없군

    꾸벅꾸벅 졸면서 일기를 쓰다가 그대로 엎드려 깜빡 낮잠이 들곤
    잘 모르는 춤을 추는 꿈을 꾼다

    저는 몸치인 걸요

상관없어요
사라반드, 사라반드
언젠가의 취기에 그대로 몸을 맡겨요

라르기시모 Larghissimo*

　동작을 전혀 모른다고 생각했는데 몸이 저절로 한 동작 한 동작을 재현해낸다 부드럽게 움직이는 손끝과 발끝을 마치 다른 사람의 것인양 낯설게 바라보고 이미 정해진 동작들을 내가 거의 완벽에 가깝게 해낸다

오 사라반드
마음은 언제나 양쪽에 있어요
원래부터 좋은 건 없어요
좋아하려는 의지가 있을 뿐이죠
신이고 꿈이기 때문에
가능한 일이죠

속이 다 비치는 푸르딩딩한 애벌레 한 마리가

움직임을 멈춘다

시간이

실제보다

훨씬

더

길게

느껴진다

　한 편의 춤이 끝나면 온몸의 긴장이 다 풀리고 모르는 춤을 다시 또 기억해내고 또 다른 꿈에서는 누군가 나를 낯선 이름으로 부르는 소리가 들린다

　새하얀 악보처럼

모두의 이방인이고 싶어

사랑은 사랑이 있던 자리에서만
훌륭히 재건된다

\* 폭넓고 느리게

## 수목원


북쪽의 소도시에 다시 혹독한 겨울이 찾아왔을 때
더는 혼자 걷는 할머니를 만날 수 없었고

그날 이후 나는 집에 틀어박혔다

할머니의 할머니도 할머니의 할머니의 할머니도 음악학교 옆 아뜰리에에 살았다는 이야기를 들었다

그녀에게 시간은
호둣빛 벤치에 앉아있는 밀랍 인형 같았다

오랜만에 딱 한 시간만 걷고 갈까

처음에는 안단테Andante*쯤으로 걷다가 숲을 지나

갈 때는 비바체Vivace**로 걷다가 호수에 다다르면 다시
그라베Grave***쯤으로 걷는다

혼자 십오 분만 더

ㄱㅕㅇㅜㄹ-ㅁㅣㄹㅗ=ㅂㅏㄹㅈㅏㄱㄱㅜㄱ
ㅅㅏㄴㅊㅐㄱ=ㅁㅏㅇㅡㅁ

나무 지팡이로 흙바닥에 쓴 글씨

걷는 일과 믿는 일이 서로 많이 닮아 있다는 사실을
그녀의 뒷모습에서 배운다

반복 속에서 새로운 걸 찾아내는 사람들
깊숙이 헤매는 인간

그녀는
니체Nietzsche처럼 중얼거렸고
미셸 투르니에Michel Tournier처럼 걸었으며

바흐Bach처럼 멈췄다

일주일에 한 번 정도는 중간쯤에서 마주치곤 했는데 그때마다 딱히 평범한 대화를 나누기는 어려웠던 걸로 기억한다

엇나감 속의 껴안음
눈인사

아름다운 것은 대개 한 순간에
옛날과 오늘의
섬광 같은 느낌이 하나의 사물에 겹쳐질 때

지금은
혼자서도 잘 걸어다닌다
침묵과 더불어


* 천천히 걷는 빠르기로
** 발랄하게 빨리
*** 장중하게 느리게

## 물의 몸과 젖은 개

　　정오쯤 객실을 나와 아무도 없는 호텔의 일층 카페테리아에 혼자 앉아 있었고 하이든의 피아노 소나타를 연주하는 은빛 드레스를 입은 단발의 피아니스트와 아주 잠깐 눈이 마주쳤다 나는 낡은 의자의 삐걱거리는 소리가 연주를 방해하지 않게 하려고 부동 자세로 안간힘을 썼다 한 곡 연주하고 삼 분 쉬고 또 한 곡 연주하고 삼 분 쉬고 하는 사이 솥 바닥의 마른 장작 향이 나는 라테가 나왔다 아무 맛이 나지 않는 밍밍한 식사빵을 씹으며 피아노 밑을 여유로이 지나가는 쥣빛 페르시안 고양이 한 마리를 보았다 페달을 밟으려던 피아니스트는 깜짝 놀라 연주를 멈췄고 카페테리아의 직원이 성큼성큼 다가와 연주를 왜 멈추느냐고 면박을 주기 시작했다 피아노 뒤편의 커다란 거울 속에서 나는 피아니스트와 아주 잠깐 눈이 마주쳤고 그의 휘둥그레한 동공 안에 갇힌 쥣빛 페르시안 고양이 한 마리를 보았다 나는 아무 맛이 나지 않는 밍밍한 라테를 바닥에 쏟아버린 뒤 성큼성큼 걸어가 피아노 앞에 앉아 내가 만든 곡을 연주하기 시작했고 여유로이 걸어오는 피아니스트에게 곡의 제목을 입 모양으로만 말해주었다

    물의 몸과 젖은 개
    물의 몸과 젖은 개
    젖은 몸

    빠져 있는 사람과 빠져 나온 사람의 등허리가 맞닿아 있고 우리는 둥근 무릎들이 서로 잘 부딪히는 홑겹 이불 속에서 함께 뒹굴거렸다 악보 속의 마디마디처럼 너는 너와 너무 많이 연결되어 있어 누구나 누구에게나 영원히 풀리지 않는 미소로 기억될 수 있어 한없는 친밀함 끝없는 거리감 물의 몸과 젖은 개

    쏟은 라테를 깨끗이 치우고 나니 검은 피아노 위에 젖은 개가 앉아 있었다 흠뻑 젖은 까만 개 내가 다른

시간 속에 있을 때 본 젖은 개 하얀 호수를 향해 성큼성큼 걸어가며 뒤돌아보던 슬픈 개 검은 물방울이 뚝뚝 떨어져 피아노 밑에 누워 있는 물의 몸 눈을 감으면 들리는 하이든의 피아노 소나타와 그걸 덮어버리는 투명한 라테 잔이 산산조각 나는 소리 나는 한 곡 연주하고 삼 분 쉬고 한 곡 연주하고 삼 분 쉬고 하면서 부동 자세로 안간힘을 썼다 시간의 서랍 속에 칸칸이 잘려 있는 물의 몸 하나의 실수 하나의 영혼 쥣빛 페르시안 고양이 한 마리가 내게 다가와 피아니스트의 이름을 말해주었고 나는 마른 장작 향이 나는 고양이의 목덜미를 쓰다듬었다

    호텔 바의 위스키 캐비닛 너머로 홑겹 이불과 같은 패턴의 커튼들이 부드럽게 펄럭였고 나는 쥣빛 드레스를 입은 피아니스트와 짧은 대화를 나누었다 창문 너머 보이는 커다란 나무 한 그루가 저 아름다운 빈 주택의 마당을 오랫동안 지키고 서 있었는데 얼마 전에 주택이 헐렸다 으레 그렇듯이 건물을 허물고 나면 문화재 발굴조사가 이뤄진 다음 곧 새 건물이 들어설 예정이고 나무는 여전히 그 자리에 있지만 더는 볼 수 없는 풍경이 되어버렸

다 이 호텔도 곧 역사 속으로 사라질 예정이고 검은 피아노와 삐걱거리는 낡은 의자는 피아니스트가 집으로 가지고 갈 것이다

나는 그림자들과 너무 많이 연결되어 있고 우리는 서랍 속 잘린 물의 몸처럼 시간의 일부분일 뿐이다

새떼는 늘 한몸인 것처럼 날아다닌다

# 사랑의 파사드

늦겨울 이촌역
부슬비

평면적으로 가라앉는 것들

십수 년 전과 하나도 다를 게 없는 낡은 역사를 빠져나와 국립중앙박물관으로 걸어간다 윤기가 다 사라진 잿빛 카펫 같은 광장이 보이고 흐린 하늘을 그대로 비추는 커다란 연못이 보이고 단정하게 다듬어진 나무들 사이로 작은 철새들이 푸드덕거린다

부스스한 정원이 이제 막 새순을 돋울 채비를 한다
비가 그치고

우산을 접으며 헛기침 한다

입구에 있는 작은 대숲이 흔들리면 연못의 주름이 미세하게 떨린다
물결에도 표정이 있다

삶이란 환희 한가운데의 죽음 속에
언제나 찬란한 그늘 속에

기다리는 사람은 아무도 없지만 기다리지 않아도 사람은 찾아온다

노랗게 죽어있는 수초들이
흐느적거리는 소리

밀랍 속의 어둠이 부드럽게 진동하듯이

밝은 죽음들의 물결이라면
나 하나쯤

아름답게 섞여 들어도 좋을 것 같아

박물관 앞에서 나는 모네의 건초더미를 떠올리고 이어서 시베리아에서 본 툰드라 지대의 건초더미를 떠올리고 순식간에 지베르니에서 시베리아로 건너갔다가 다시 이촌동으로 돌아온다

건초더미의 바싹 마른 햇빛 냄새가 코밑에 은은하게 남아 있고
산산조각이 난 이미지는 지푸라기처럼 흩어진다
물결도 곧 바스러진다

축축한 벤치에 앉아 김밥을 집어먹는 할머니 뭐라고 중얼거리시는지⋯⋯ 옆 벤치에 앉으니 고소한 참기름 냄새가 난다 다음 번에는 단골 가게의 유부초밥을 포장해 나들이를 와야겠다 따듯한 커피나 작두콩차 같은 마실 것을 텀블러에 담아오면 더 좋겠다

잉어 한 마리가 수면 아래서 헤엄치면 연못의 주름

이 미세하게 떨린다
　　눈꺼풀이 떨리는 데는 다 이유가 있다

　　박물관은 남산과 연못 사이를 가로지르며 성곽처럼 서 있고 두 동의 건물 사이는 뻥 뚫려 있어서 넓은 계단 위로 탁 트인 하늘에 남산타워가 솟아 있는 게 보인다 건물 벽은 계속해서 높아지고 있고 그 높이는 정확하게 알려져 있지 않다

　　김밥을 다 먹은 할머니가 어디론가 사라진다

　　아무래도 스스로 벽을 세우고 있는 것 같아 너도 모르게일까? 높다란 어금니 같은 것들이 네 주위를 둘러싸고 있어
　　너에겐 분명 어떤 벽이 느껴지는데 그걸 쉽게 넘을 수 없어 웬만해서는

　　얇게 저민 말들 그러나 딱히 악의가 없는 말들을
　　나는 잘 기억하고 있다

대부분의 말에는 원래 악의가 없어 차라리 진짜 마음이 담겨 있지 반쯤 풀린 눈으로 말해지는 그 말들이 나를 연못 속으로 밀어버릴지언정 난 그걸 기다리곤 해

노랗게 죽어버린 수초들로 뒤덮인 수장고 안에 오랫동안 보관하고 싶어 다른 건 다 잘 까먹고 그러는데 이상하게 그런 말을 기억하는 건 어렵지 않더라

마음은 무엇으로 벽을 세우지?
용기와 고독이 어떻게 저 벽을 넘을 수 있지?

나도 가끔 나 자신에게 벽을 느끼는데
너라고 별 수 있겠니
오죽하겠니

라고까지는 차마 말하지 못했다
나중에 홀로 생각한 것이다

벽을 넘고 안 넘고는 별로 중요하지 않다 벽을 대하

는 방식이 중요하다 벽은 넘으라고 있는 것이 아니기 때문이다

    느껴져 이 열기가?
    벽 너머로 거대한 횃불이 타고 있어

    불을 옮기는 지푸라기가 되고 싶어
    시드는 마음처럼 쉽게 바스러지고 싶어

    벽돌 쌓는 법을 나는 누구보다 잘 알고 있다
    허공의 한 점을 똑바로 응시하는 법도 잘 알고 있다

    흐느적거리는 소리

    눈물이 뚝뚝
    뚝

터벅터벅 돌아다니다 우연히 발견한 청동 소재의 정병 표면에 은실로 장식된 버드나무 그림에서 눈을 떼

지 못한다 간직하고 싶지만 사진을 찍지 않고 가만히 손끝으로 매만지듯이 벽에 새긴다

　　물가풍경무늬 정병은 0.5mm 굵기의 은실로 버드나무와 갈대, 오리 등 물가풍경을 회화적으로 표현한 고려시대의 대표적인 정병이다. 몸체의 앞뒤에는 버드나무를 중심으로 갈대가 솟은 섬과 오리, 기러기, 배를 타거나 낚시하는 사람들의 모습이 은입사로 표현되어 있는데 푸르른 녹과 모하게 어우러져 아름다워 보인다.

　　한참을 바라본 은입사에 잔뜩 매혹당하고는 박물관 문을 나서면서 그대로 잊어버린다

　　건초더미 속에 숨어 어디론가 건너간다

　　어디야?
　　어디로 향하고 있는 거지?
　　나 지금 무얼 스케치하고 있지 이건 정말 無에 대한 스케치일까

완성하고 나서야 비로소
알 수 있는 걸까


　　갈대가 솟아나는 섬이 보이고 오리와 기러기가 은빛 버드나무 위를 날아다닌다 들릴 듯 말 듯한 신호음이 울린다
　　유즈노사할린스크Yuzhno-Sakhalinsk의 라디오 채널로부터
　　속삭임
　　성가대 앙상블의

나 하나쯤
섞여 들어도 좋지 않을까

사랑이 부족하기 때문에
사랑이 누구나의 결락일 수 있기 때문에
그러나 사랑이기 때문에

푹 빠져

목을 매기도 하는 걸까

오랜 시간 뒤에 발굴된 나는 천으로
덮어씌워질 것이다

연못에 어금니를 던지면 시간의 주름이 미세하게
떨린다
버드나무가 말을 걸고 있는 것 같다

## 시계추


벽에 걸린 시계추를 뚫어져라 본다
들여다본다
들여다본다는 건 진짜 뭘까?

벽 너머의 세계가 존재한다고 나는 정말로 믿어
바보 같다고 네가 놀려도

그저 보이는 것을 보이는대로 볼 뿐이면서 본다는 것에 대해 본다는 것의 의미에 대해 자주 생각한다 눈으로 좇으면서 보는 것이 아닌 시야에 잡히는 세계를 보이는대로 보이는 너머로 시계추의 온기를 흘려보내며 들여다본다

거실의 시계추가 모두 잠든 사이에

아주 긴 시를 써내려간다

이슬방울이 맺혀
굴러가듯이
……
가장 싱그러운 아침에
낭독되기 위해서

　꼭 보이는대로만 믿을 필요는 없단다 뭘가를 믿는 건 오롯이 나 자신에게 달려 있으므로 누구나 믿는 것을 꼭 따라 믿을 필요도 없단다 바보 같다고 놀려도 휩쓸리지 않는 것이 중요하단다 눈앞의 세계는 네가 믿는 것들과 그것들을 얼마나 촘촘하게 연결하고 있는지로 이루어진단다 아무것도 믿고 싶지 않더라도 반드시 어떤 것은 믿어야 한단다 그러니까 믿는다는 건 한치 앞도 보이지 않는 언덕을 오르는 일과 같단다

　현재를 사랑하는 만큼 시계추 소리는 가까이 다가와 들리고 그것이 독특한 운율을 만들고 마치 거대한 벽

시계 안에 들어와있는 듯한 착각에 빠진다

    어디선가
    모르는 아이가 엉엉 울고
    아이의 엄마는 아이를 달래고
    귀가 먹먹하고

    규칙적인 소리와 불규칙적인 소리의 화음에
    교회처럼 온화해진다

    시계추는 늘 가까이에 있지만 우리가 항상 그 소리를 들을 수 있는 것은 아니다

    '가벼운 권태'
    훔쳐 읽은 습작의 제목이다
    언제였더라?

    마치 어느 대학의 교양 과목 이름처럼 읽히는 '사랑과 윤리' 사이에서 벽 너머의 세계를 들여다보고자 하는

두 사람을 위한 진지한 질문과 대화를 멈추지 않으려고
노력하지만 권태보다 가벼운 그것은 너무나도 허망하게
날아가버리고 만다

    붙잡을 수 있는 것은 권태보다 무거운
기억의 뿌리뿐이다
    누구나 푸네스가 될 수는 없지만 적어도 얽매이지
않을 수는 있다

    습관처럼 모른다는 말을 내뱉는다 고개를 저으며
모른다고 나는 역시 잘 모르겠다고 단념하듯이 대리석으
로 조각한 붓다Buddha의 얼굴 표정을 하고서 몰라 모른
다니까 말을 하면 할수록 점점 더 그것에 대해 아는 게
없어진다 무지가 번뜩인다 너무 쉽게 모른다그 말해버리
는 건 어리석지만 너무 쉽게 잘 안다고 믿는 건 위험하다
몰라 정말 모른다니까

    우울이 뭔지도 솔직히 잘 모르겠어 그럼 난 언제 우
울하지? 나도 사람이니까 우울할 때가 있을 텐데 멜랑꼴

리Melancholy라고 바꿔 말하면 알 것 같기도 한데 내게도 우울이 와닿는 순간들은 분명히 있으니까 우울의 과잉에 대해 말하자면 충분히 멜랑꼴리해지는 걸

    한숨을 쉴 때마다 빛의 경로가 달라지는 것 같다

    내가 바랐던 건 이게 아닌데

## 시계추

벽에 걸린 시계추를 뚫어져라 들여다본다

고장이 났나?
싶어 시계 수리점에 전화를 걸어본다

그때 알게 된 시계공 아르투로Arturo와 나는 몹시 가까운 사이가 되어 일주일에 한두 번 정도는 집으로 초대해 꼭 저녁 식사를 함께 했다 온갖 주제에 관한 토론을 즐겼고 일단 토론이 시작되면 늦은 새벽까지 끝날 줄을 몰랐고 그와의 대화에서만큼은 모른다는 말을 거의 하지 않았다

연락이 끊긴 지는 꽤 오래되었고 나는 여태 그의 집을 모른다 모르는 게 없고 똑똑하기까지 한 아르투로가

나는 참 좋았다 그는 아침마다 취미로 소네트Sonnet와 하이쿠俳句를 썼다 그의 노트 속 자잘한 메모들로부터 파생되는 시공간의 이미지, 사유와 대화들로부터 얻은 순수한 즐거움을 나는 언제든지 시도 소설도 아닌 독특한 장르의 문체로 새롭게 번안하여 써내려갈 수 있었다

어떻게?

내가 쓰고 싶은 것을 내가 쓰고 싶은 방식으로 매일 이어서 쓰는 것이다

최단 경로로

아르투로는 이제 빛
너머의
세계에만 존재한다

## 시계추

벽에 걸린 시계추를 뚫어져라 들여다본다

높낮이가 제각각인 책들이 빼곡하게 꽂힌 서가에 우윳빛 도자기 화분이 하나 놓여 있고 그 위로 솟아나 서가 아래 쪽으로 부드러운 포물선을 그리며 늘어지는 아스파라거스 스프렌게리의 줄기가 섬세한 그림자를 그린다 벼알 같은 녹색 잎들이 풍성하게 반짝이고 바람이 불 때마다 노랗게 시든 이파리가 바닥에 내려앉는다 가벼운 너무나도 가벼운 그걸 나는 매일 손끝으로 줍는다

바스러지는 것이 좋아
시어처럼

산짐승처럼 침묵의 뒤편에 몸을 숨기면 산뜻한 불

안의 냄새가 난다 팔을 뻗어보아도 불안은 언제나 흠칫하는 찰나에만 있고 미처 닿기도 전에 벽 너머로 사라져버린다 닿아본 적 없는 그것을 나는 영원히 곱씹을 수도 있다

내가 누구인지 잊어버리기 전에

예브게니 코롤료프Evgeni Koroliov가 연주한 《골드베르크 변주곡 아리아Goldberg Variations BWV 988 Aria》를 듣는 오후 다섯 시 오십 오분

기울어지는 햇빛과 깨끗한 건반 소리 눈썹을 움직인다 노래하듯이

밤이 지고 있다

나 자신을 꽉 붙들어 매고 있는 이상理想들 수많은 자잘한 감정들의 진짜 의미를 되새기기 시작하면서 낯설고 기이한 구토감을 느낀다

화분에 분무를 하니 새 물기를 머금은 잎맥에 오렌지빛 햇살이 비친다

몰라 모른다니까

골드베르크 변주곡은 수미상관 구조이드로 시작할 때의 아리아를 다시 한 번 연주하면서 끝이 난다

내가 누구인지 잊어버리기 전에

사랑은 평행하고 시작과 끝은 언제나 하나이다

행복하다는 말을 잘 하지 않는 편이다 허투루 하기는 싫고 단지 표현에 조금 서투른 탓이라고 생각했는데 지난 편지들 속에서는 꽤나 자주 써왔다는 걸 최근에야 알게 되었다 어떤 편지에서는 이렇게 썼다

함께 보내는 시간 속에서 나는 처음 느껴보는 형태의 행복을 느껴. 행복은 내 안에 없고, 아직 그게 뭔지 다 알지 못하

는 것 같은데, 나중에 돌아보면 참 행복한 날들을 보냈구나 싶어. 행복이란 기쁠 수도 있고 슬플 수도 있는데, 딱 그 한 순간에만 머무르고 사라지는 것은 아닌 듯해.

　　나의 과거와 과거 속의 타인으로부터 행복이라는
걸 배우고 있다 행복과 권태와 불안과 평화와 멜랑꼴리
와 구토감을 시계추 소리로부터 한꺼번에 깨닫고 있다
모두 다 찰나인 걸

　　산다는 게 꼭
　　벽에 걸린 고장난 시계추 같은 걸

　　유예된 마음은 따분하고 엉성하다
　　정말로 괴로운 사람은 괴롭다고 말하지 않는다

　　마루에서 사라져가는 마지막 빛을
　　뚫어져라 들여다본다

　　내가 앉아있는 거실 정경이 순간적으로 조르조 데

키리코Giorgio de Chirico의 화풍으로 보인다

# 무인칭의 집


/번쩍/

어둠 속의 한 점으로 파고들어 멀어지는
천장은 숭고하다
천장은
이렇다 할 창문 없이도 무한하다

천국의 시선으로
내려다본다

희끄무레한 통창밖의 녹빛 테라스

무거운 새벽 공기
창문 너머 어렴풋한 움직임

기억의 잠입

/번쩍/

얼굴의 반에 그늘이 진 그녀와 곧 접속이 끊길 것처럼 지지직거리는 그녀의 실루엣과 쓸모가 없어진 종이 캘린더와 창턱을 넘을까 말까 주저하는 사이 부러진 나뭇가지를 물고 사라지는 벌새 한 마리와 두터운 신발 밑창을 뚫고 올라오는 한기와 거뭇한 모래와 진흙이 가득한 물웅덩이와 미처 다 피우기도 전에 우수수 떨어져버린 야생화 꽃봉오리들

/번쩍/

짐승의 발톱처럼 덮쳐오는 빛덩어리에
깜짝 놀라 잠에서 깬다

들쥐처럼 새벽이 지나가고
겨우 도망쳐 나온

꿈의 먼곳에서는 사파이어 같은 들불이 타고 있다

/번쩍/

천장 밖으로 성당의 오르간 소리가 멀어진다

잡힐 듯 잡히지 않는
창백한

## 무인칭의 집


동이 다 트기도 전 이른 아침에 제일 먼저 하는 것은 진공관 라디오를 켜는 일이다 손끝에 힘을 꾹 주어야 눌리는 오래된 라디오의 전원 버튼에서 딸깍 소리가 나면 내장된 램프에 불빛이 들어오고 잠깐 뜸을 들이다 희미한 진동 속에서 안테나가 눈을 뜨는 소리가 들리고 이윽고 지지직지지직 주파수 신호가 잡히기 시작하고 클래식 채널에 튜너를 고정하고 있어 보통 가사 없는 음악이 흘러나오는데 가끔 진행자의 음성이 나오는 타이밍에 맞춰 켜지기도 하는데

다행이다 혼자가 아닌 풍경이라서

눈을 비비며 노랑 이불을 갠다 실키한 아침은 더할 나위 없이 평화롭고 어젯밤 팔팔 끓여 밤새 식힌 우엉차

를 따라 마시는 동안 내가 없는 거실이 한층 더 맑아진다

    아무것도 아닌 시간들이 원래 제일 소중하다
    넋이 나간 사람처럼 혼잣말한다

    라디오가 지지직지지직
    뚝 끊긴다

    창틀이 삐걱거리는 소리와 함께 다른 차원의 문이
열린다

    익숙한 햇빛내음
    양털로 짠 체크무늬 담요에 묻은 것

    먼지 쌓인 낡은 서가의 정적
    피아노 페달 소리

    사군자 동양화가 음각된 두더지색의 작은 빈티지
화병에는 오렌지색 양귀비 한 송이가 꽂혀 있고 그 옆엔

50년 전에 출간된 열화당 미술문고 구판 중 4번째 시리즈《파블로 피카소Pablo Picasso—그의 생애와 예술》이 기대어 놓여 있다

    반은 흑백이고 반은 컬러이다
    마치 삶처럼

# 무인칭의 집

누군가의 책갈피로 쓰였을 빛바랜 종이—부재중 전화를 기록해 전달하는 용도의 양식 메모지—가 한 장 끼워져 있다

telephoned, please call, will call back, was in to see you, wants to see you, returned your call, URGENT······

나는 긴급한 이야기를 별로 좋아하지 않기 때문에 가끔 이유도 없이 전화를 받지 않는다

내 것이 아닌 이야기를 하고 싶지 않아서 혹시 내 이야기일지라도 그냥 아무것도 생각하기 싫어서 차라리 혼잣말로나마 중얼거리는 게 더 좋아서 그러다 문득 내가 걸고 싶어질 때 태연한 얼굴로 전화를 건다 그때까지

나는 멀어지는 천장에 달라붙어 있느라 부재중이다

검은 고양이 한 마리가 부재를 목격한다

그들은 다 알고 있다 그렇다고 전화기를 없앨 수는 없는 노릇인 걸

다시 전화벨이 울린다

아무도 없는 카페테리아로부터 걸려 온
멈추지 않는 신호음

누가 받지 않아도 계속 걸려오기를
구체적으로 적힌 나의 미래가 걸려오기를
뻔뻔하게 걸어오기를
사랑으로

걸 수 없는 번호로 전화를 걸고 싶을 때에는 메모지를 꺼내 떠오르는 아무 말이나 적고 수십 년 뒤에야 낡은

책갈피로 쓰일 그것을 아무렇게나 펼쳐진 미래의 페이지에 꽂아두면 잠시나마 미래와 닿을 수 있다

    피카소 옆에는 어느 젊은 예술가의 그림책《없는 곳의 나라Landless Land》가 꽂혀 있다

    땅이 없는 곳
    빛도 없는 곳

    이미 그려진 그림들은 다 내 것이 아니고
    이미 보내진 편지들도 다 내 것이 아니다

    부재하는 것만이 가장 확실한
    인칭이라면

    오르간 소리는 계속해서 멀어지고 있다

## 무인칭의 집

외로운 창문들이 스스로 휘어진다

사과와 흰쌀
낮잠과 베개
느낌과 절벽

나무 아래 검은 그늘인 줄 알았는데 새까만 털빛의 새들이었다
헛기침 소리에 놀라 한꺼번에 파드득
날아오른다

산책을 나설까 하다가 그만둔다

비가 막 그친 쌀쌀한 아침에는 강하게 볶은 커피보

다 약하게 볶아 맑고 새큼한 커피가 잘 어울린다

흰쌀을 헹구고 밥솥에 안치기 전에 고구마를 깨끗이 씻는다 흙에서 막 꺼낸 구황 작물에는 자연의 근엄함이 깃들어 있고 흰쌀이 익어가는 동안 창문들은 스스로 휘어진다

반은 흑백이고 반은 컬러인 사람이
창밖에서 혼잣말한다

입모양을 곁눈질해 받아적는다

'사라반드, 오 사라반드'

혼자라는 걸 깨닫는 순간에는 돌이킬 수 없을 거야
뒷걸음질은 유예도 실패도 아닐 거야

눈을 감아 봐
반은 진실이고 반은 거짓인 시간을

보여줄게

인칭이 없는 파노라마
빛과 바람
돌결

아득한 천장이 음악에 물들어간다

벌새 한 마리의 실루엣이 부러진 나뭇가지를 물고 지나간다
인칭 너머로 바라보고 있는 오래된 광경이다

부재는 처음부터 예언되었으므로

아침에 자주 듣는 에스토니아의 오르간 연주자가 지난 겨울에 자택에서 홀로 자연사했다

# 꿈결

언제부터였던가?
환희와 전율

긴 세월 동안 방치된 슈바르츠발트Schwarzwald
천국의 검은 숲

지저분한 철제 벤치에 앉아 거대한 사랑의 유해를 파헤쳐본다
죽은 화분처럼 아무 데나 버려져
잡초꽃이 무성한

이번이 처음이 아니었던가…… 아니라면 그건 또 어느 벤치였던가……
찬미라기보다는 그저 욕심에 불과했던가

흙바닥에 주저앉아 너의 이름을 중얼거리는 동안 이름이 여러 개인 티티새 한 마리가 낙엽을 밟으며 지나간다

사랑이 또 어디론가 걸어가는구나

그늘에 나눠앉는다
묵인하면서

정확히 누구의 그늘인지는 중요하지 않고 나란한 두 사람의 그늘은 아무리 들여다봐도 구분할 수 없다

무슨 의미가 있지?
라고 묻는 게 무슨 의미가 있지?

사랑에는 주체主體가 없다
주체할 수도 없고

걸어가는구나

너인지 나인지 여름인지 가을인지 한숨인지 그림자인지 아니면 그냥
전대미문의 역사적 지진인 건지

우리가 함께 앉아있었다는 사실만이 중요하다 어떤 사실만이 적나라한 사실들만이
두 사람이 함께 있는 그늘을 지속시킨다

의미를 파고드는 것보다는 믿음이 중요하므로 우리 사이의 오해는 명백할 수밖에 없다

혼자 걸을 때
나는 누구의 그늘도 밟지 않는다
질문할 수 없는 질문들이
맴돈다
빙빙
머리 위에서
티티새 한 마리가 울고
속도가 다른 구름들이 만나고 섞이고 흩어진다

흰
눈꺼풀이 강가를 돌아다닌다

언제였던가?
다독이는 마음을 외면하는 것
우리가 가까웠었나? 하나였나?
순수한 자기기만
전설적인 사랑도 한 줌의 모래가 되고

끝낸 건
너야

창밖은 처음 보는 보랏빛 펠트
홑겹 이불 속에 갇힌
어둠
퀴퀴한 어둠
다 빨아들였나?

죽지 않는 개가 정말로 있을까?

너는 너의 개를 얼마나 사랑해?
흘러내린 것은 눈물방울이 아니라
체로 곱게 걸러진
시간

어둠이 세계의 지붕이었던 시절이 있다면 너도 나를 이해할 수 있을 거야
축축한 숲우듬지 아래서 우리가 나눈 것
시간의 쇄골
그런 건 쉽게 발견되는 게 아니야

그늘에서 하늘로
하늘에서 그늘로
목덜미
울먹임
닻
통증
벼락 같은
선행 기억 상실

티티새
너 자신을 갉아먹는
빛
그늘그늘그늘그늘그늘그늘그늘그늘그늘그늘
그늘그늘그늘그늘그늘그늘그늘그늘그늘그늘그
그늘그늘그늘그늘그늘그늘그늘그늘그늘그늘그
그늘그늘그늘그늘그늘그늘그늘그늘그늘그늘그
그늘그늘그늘그늘그늘그늘
나체로 돌아다니는
끈적한
밤
잊어야 해
숨결

조명 아래 잔뜩 취해버린
지금은 잃어버린
무너져내린

어떤 표정을 짓고 있을까?

클리셰과 맥거핀과 미스터리
모든 추론의 바깥에
비밀은 있다

혹시 알고 있어?
우연이라고 여겨지는 것들이 대부분 결코 우연만은 아니라는 걸
사랑은 언제나
앞선 사랑을 따라 흐르기 마련이란 걸

옅은 미소들이 둥둥 떠다닌다 모퉁이에 찍힌 여덟 자리 숫자를 잃어버린 필름사진처럼

네가 사랑이라고 말할 때 그늘은 절대로 동시에 발생할 수 없는데 그건 아무도 정확한 시간과 좌표를 계산할 수 없기 때문이다 우리에게 주어진 것은 그저 허술한 언어에 달린 허술한 날개뿐이기 때문이다 수백 년 전에 함께 심은 나무 그늘 아래 철제 벤치에 앉아 책을 읽는다 발밑엔 낙엽이 수북이 쌓이고 있고 다시 시작할 준비가

나는 아직 안 되어 있다

    너무나 환해서 오히려 어둠이 보이질 않고
    그런데 어둠이 보이질 않는다는 건 아무래도 좀 이상하지?

    사랑의 앙가주망Engagement에 관해서라면 누구보다 진지하게 대화할 준비가 되어있는데 북클럽은 이제 예전처럼 활기가 넘치질 않고 나와 닮은 티티새의 노랫소리가 들리지 않은 지도 꽤 오래되었다

    많이 혼란스러워
    사진도 편지도 이런저런 진실도
    이스팡카Espanca의 시를 곧잘 외우던 네가 내게 무엇을 남기고 떠나려 했는지도
    다 파묻혀버렸으니까
    마음의 맹점 같은 게 되어버렸으니까

    불행 중 다행이야

사랑이라는 환상이 진공 상태의 시공간이라는 건
네가 거기까지 잘
찾아갈 수 있을지는 모르겠지만 말이야

정말 영원하기로 할 거야?
우리 약속할까?

그늘을 밟고 선 나는 꽤 미학적으로 혼잣말한다

그래서 무늬와 빛깔이 보여?
라고 내가 물으면
너는 뜬금없이 재킷 주머니를 뒤적거린다

잠시 울먹이고는 이내 잠잠해진다

잘 지내냐는 물음엔 잘 지낸다는 대답밖에는……

우리가 함께 나눈 그늘의 정의보다는 그늘의 정확한 경계를 묻는 게 낫지 않겠어?

그늘이라고 다 같은 그늘이 아니잖아

그래서 그게 무슨 의미가 있어?
라고 네가 물으면
뭐가 중요하냐고 묻는다면 할 말은 없지 그냥 곱씹는 거야 내가 할 수 있는 말을 하는 거야 하고 싶은 말을 하는 것과 할 수 있는 말을 하는 것은 달라

잠시 울먹이고는 이내 숨어버린다

천국의 앰비언트를 틀어놓는다

슈바르츠발트
검게
녹아내리는 눈
뚝 뚝
뚝

빛바랜 사진 속에서

이름이 여러 개인 티티새 한 마리가 울고 있다

너무 오래 앉아있으니 엉덩이가 차갑다

실은 나
잘 못 지내는 것 같기도 해

## 언메이드


흐르는 얼굴 속 벌어진 입술로부터
사랑은 누설되리라

날 사랑해 난
……널
넌
어째서?

그 어떤 순간보다도 잔혹한 폭발의 찰나에
우리는
갈대밭보다 자욱해지리라

떨리는 문장 위에 나란히 선 두 사람을 향해 이름 모를 해변의 시간이 날개를 활짝 펼치리라

시작부터 둘은 돌 위에 아로새겨지리라

멍청한 집착의 결론

유구한 사랑의 역사를 다 지켜본
녹슨 철교들

거짓된 순간들 속에서 오직 두 사람만이 훗날의 사랑을 탈환할 수 있는지? 가능하다면 그건 누구의 진심이고 용기인지? 시간을 건너뛰어 모든 걸 목격하고 나서도 의심하지 않을 수 있는지?

불결한 숨결
시간의 지층을 뒤흔드는
따듯한
뼈와 모든 것의 노래
언메이드Unmade

사랑을 증거하는 조각상을 세우리라

버려진 오두막 앞에

그것이 진실을 토로하는 것을 나는 들어본 적 없지

기쁘게 우리는 노래를 불렀을 뿐인데

노래는 입술을 떠나자마자 날아가버렸그

절대로 잊지 않겠다는 맹세를

다 지워버렸네


영원히 길어지는 열 손가락 사이로

마음은 다 새어나가고


아름다운

너무나도 아름다운 껍질만이 남았네

나는 기댈 수가 없었네


잊지 않을 거란 말은 영원히 공전하는 토성의 고리

처럼 아득하고 공허해


그건 딱지가 된 살갗 같기도 해

장작에 에워싸인 겨울 정원처럼 막막하기도 해

꼭 끌어안고 싶을 만큼 그립기도 해

조각상의 텅 빈 눈

오두막으로 향하는 흙길 위에는 시간이 없고 공간만 있네
침묵과 움직임만 있네

무너져내린 철교
잔해들

잃어버린 뼈를 찾아 풀숲을 헤매다 양손에 쥔 사랑의 증거를 잃어버리고 돌아온다
팔꿈치에 붙은 풀벌레를 후 하고 불어 떼어낸다

나는 기댈 수가 없었네
나는

괜찮아?

괜찮다면 우리 잠시
체념해도 될까?

멀어지는 건 다 우연일 뿐
자유야말로 관계의 유일한 고리인 걸

푸른 돌기를 타고 흐르던
빛이 얼어붙는다

# 모든 이를 위한 것은 아닌

혼자 남은 마감 직전의 카페에서만
행복한 혼자일 때에만
절망해

가만히 엎드려 좌절하기보다는
적극적으로
깊이
빠져 허우적거려
굴리고 부비고 삼키고
마지막엔 토해내

누군가를 탓하고 비난하고 싶을 때가 있어

아무리 생각해도 난 잘못한 게 없는 것 같은데 제멋

대로 날 곡해하고 판단하는 사람 때문에 말이야

    내가 진짜 뭔갈 잘못한 건가?

    헷갈리기도 해

    그렇다고 막 괴로운 건 아냐

    이 사람이 도대체 나한테 왜 그러나 싶을 때가 있어 꽤 오래 지난 일이라고 해도 그래

    알아 참 못났지 하지만 그건 정말 뭣같은 일이지

    그런 사람 때문에 주눅들고 싶진 않아 누가 진짜 그렇게 믿는다고 해도 솔직히 별로 상관없을 뿐더러 그 사람이 무슨 말을 지껄이고 다녀도 그건 어디까지나 그 사람의 문제이지 내 문제는 아니라고 생각하거든

    애써 이해해보고 싶은 것도 아냐 실은 어느 누구의 문제도 아닌 건지도 모르지

    그게 다 무슨 소용일까 싶어

침묵하는 나도 가끔은 참을 수 없이 분할 때가 있어

꾹꾹 눌러 담아
아무도 없는 오르막길로 떠나곤 해
기사의 언덕이라 불리는 어느 누구의 발자국 소리가 들리지 않는
하드보일드Hard-Boiled한
많이 쓸쓸해?

난 믿어
절망이란 나 아닌 다른 누군가를 위한 게 아냐
혼자이기 위한 거야 오롯이

싱싱한 것은 싫어
잘 해동된 것이 나는 좋아

준비가 다 끝나면 북쪽의 은둔지로 떠나자
무시무시한 낭떠러지 아래로 굴러떨어져봐야만 경험할 수 있는 타인이 있지

발 아래 끝없는 문턱 너머로
떨어지는 심연
그게 거기 있는 줄도 모르고 말이야

이해할 수 없는 게 세상엔 너무나도 많아
이해하고 싶지 않아

사람은 마음은 어느 정도 정형화되어 있고 결코 포기할 순 없지
그냥 난 조금만 더 유연한 사람이고 싶어
아주 조금만 더……

마음껏 녹아내린 다음 새롭게 굳어지거나 완전히 증발해버리고 싶어
누구라도 좀 사랑해보고 싶어

도대체 왜 그러는 거야? 왜 그런 걸 묻고 따지려 드는 거야?
끝내 누구와도 포개질 순 없겠지만 살다 보면 어차

피 사람 사는 게 다 그런 거라고 우리 사이의 오해와 착각은 아무리 깨끗이 매일 닦아도 썩어버리는 치아만큼이나 자연스러운 거라고

    냄새가 나?
    무슨 냄새가 나?

    몇 발 뒤로 물러나
    인간이 아닌 것의 시선을 좀 가져보려고 해
    그럼 너도 똑같고 나도 똑같아
    그건 정말 뭣같은 일이야

    가장 비인간적으로 사고해야만 가장 인간적인 지금을 확신할 수 있다는 이상한 모순

    철저히 무시하고 살고 있구나 너는?
    그런 나날은 어때?

    대답하고 싶지 않은 질문들

흐리멍텅한 두 눈
말해도 말해도 전해지지 않는
진짜 마음

높다란 탑을 세운 다음
마주보고 있어
탑이 되어가고 있어 탑처럼 생긴
돌이 되어가고 있어

이제 더는 누군가를 증오하고 싶지 않아 휘둘리고
싶지 않아 증오 뒤에 숨고 싶지 않아
복잡한 맥락따윈 진절머리가 나

판단하지 않으려는 노력이 필요해 어떤 식으로든
괴로울 수밖에 없으니 멀어질 수도 멀리할 수도 없다면
팔다리를 쭉 뻗고 하늘을 올려다봐야 해

깨부수기 위한 거라면 다 용서할 수 있어
사랑에

다짐과 맹세는 필요없거든

변명도 필요없다는 거 알아 그럴 시간에 내가 사랑하는 것을 조금이라도 더 돌보고 애쓰는 게 낫다는 것도 알아 입을 닫고 싶어 묵묵히 응시하고 싶어 억지로 끓어오르긴 싫고 속내를 들키긴 더 싫거든

스스로 구속되어야만 마음껏 자유로울 수 있다는 이상한 모순

철저히 무시하고 살고 있구나 너는?
그런 나날은 어때?

아무렇게나 뱉고 나면 조금 풀릴까 봐 이렇게라도 휘갈겨 쓰고 나면 다 풀릴까 봐 다 쓰고 나면 바로 지워 없애려고 했는데
역시 그냥 둘래

잔뜩 웅크린 죄의식이

얼룩덜룩한 거울 속에서 중얼거린다

거봐
사람 사는 거 다 똑같지

인내를 좀 가져 봐
내게 줘 봐

잘 해동된 절망이 난
희망보다 좋아

# 내 것이 아닌 단어들과
## 어느 누구의 것도 아닌 일기장

없어도 되는 말들
굳이 하지 않아도 괜찮은 말들

말들의 괴로운 그늘 속에서
말하지 않고 쓴다

간절한 말들은 마음에 새겨야만 유효할 수 있으므로 그래야만 시간의 바깥에서 우주적인 시점을 획득할 수 있으므로

어떤 것은 기억이고 어떤 것은 상상이며 어느 방향으로 사유를 전진시키느냐의 문제이다 시간의 향기나 거대한 아름다움에 관한 것이 아니라 그저 당신이 어떤 사람이 되고 싶은지 어떤 마음을 쌓아 올리고 싶은지에 관

한 것이다

    어느 쪽이든 무한한 갈래길이고 내 것이 아닌 단어들로 어디에도 존재하지 않는 미로를 발명하는 일이다

    있어야 할 이야기가 무엇인지 모르기 대문에 정말로 그런 이야기라면 굳이 내가 쓰지 않아도 되는 것이기 때문에 세상에 없어도 될 이야기를 쓴다

    있으나 마나 한 그러나 필연적인 빛으로
    언젠가 나를 찾아올

    어떤 이야기는 시커멓게 질척거리는 배수로를 따라 흘러가서
    영원히 아득히 멀어진다

    모두가 알 법한 이야기에 관해서라면 가능한 한 말을 줄이기로 한다

    사색에 게으른 사람들이 모여 세간의 빤한 이야기

를 떠드는 방과 열의와 희망이 넘치는 노랫소리가 졸졸 졸 흐르는 문학의 광장을 벗어나 소용돌이 급류가 치는 강의 다리 위로 향한다

　　무자비한 도시들과 나는 빠르게 멀어진다
　　바깥의 바깥 쪽으로
　　배경이 없는

　　전나무들의 녹색 추상 같은 행렬이 펼쳐진다

　　작은 마을에는 한 가지 색의 단정한 지붕들이 얹혀 있고 여기 흐르는 것은 능선 너머의 구름뿐

　　모험은 특별한 이야깃거리를 위해서가 아니야
　　잃어버린 것을 되찾기 위함이지

　　구겨진 종이 캘린더

　　끝없이 소모되는 무수한 새로움들의

침전물이 가라앉는다

무엇이 영원할까? 보다는 무엇이 지속될까? 쪽의 질문들이 필요해

영원은 홀로 지속되는 것을 통해서만 가능하기 때문에 과거의 발판을 수거해 미래가 다가오는 방향으로 하나하나 놓아가는 것이 곧 영원이기 때문에

풍경의 초침을 혀에 갖다댄다
아무 맛도 안 느껴지는

순간의 맛이란 건
백야白夜의 집에 차려놓은 근사한 저녁을 먹는 일과 비슷하지

무뎌진 얼굴들이 날로 소중해지고

아 템포a tempo*

인 템포in tempo\*\*

   시간의 절벽 아래로 가차없이 밀려 떨어지는 순간
들을 목격한다




\* 본래의 빠르기로
\*\* 빠르기의 변화 없이 그대로

## 내 것이 아닌 단어들과
### 어느 누구의 것도 아닌 일기장


스물일곱이라는 나이에 요절한 타카하시Takahashi 는 미래는 과거 속에 있다고 과거의 유물을 현재에 재현 하는 것이 곧 미래의 유물을 발굴하는 거라고 믿었다

정말 그렇다 아름다운 것들은 유사한 시간 물질을 공유하기 마련이니까
겉으로는 끊어져 있더라도 마음으로는
언제나 연결되어 있으니까

과거의 폐허와 유산으로부터 진정한 미래의 아름다 움을 발굴하는 일
고고학적인 미래……

어떻게 그는 고작 스물일곱의 나이로 그런 생각을

할 수 있었을까? 그는 죽었고 그의 시간은 소문처럼 증발했지만 그는 여전히 자신이 밟고 지나온 바로 직전의 돌을 주위 발앞에 내려놓는 일을 반복하며 눈보라 치는 강을 건너는 중이다

    돌은 꽤 무겁고
    돌들의 무게와 상관없이 시간은
    마음과 마음을 무한히
    나눈다

    징검다리 위의 파수꾼들
    얼어붙은 광물

    어느 은빛 겨울에
    멈추지 않는 열차에 누워 있다

    타카하시의 믿음을 곱씹으며 창밖의 창백한 시간을 들여다본다
    그것은 풍경이라고 할 수 없다

그리고 이때 타카하시는…… 살아 있었다 분명히
돌과 돌 사이의 소용돌이
죽어버린 단어들
늙은 필경사의 고어古語들

한참을 누워 있다가 몸을 일으켜 나만 즐거운 일기를 쓴다
날짜는 모르겠고 영원히 불확실한

조용히 끓어오르는 신음 소리

없어도 되는 말들
굳이 하지 않아도 괜찮은 말들

말하지 않고 쓴다
그날의 진짜 마음이 명징해질 때까지

달리는 열차 안에 있을 때 산발적으로 떠오르는 단어들은 다 내 것이 아니라는 생각이 든다

우리는 일기 속에서 숨기도 하고 도망치기도 하고 소리를 지르기도 하는데 그게 다 거짓인 건 아니다 빤히 보이는 거짓말 속에 불투명하거나 반투명한 진실들을 교묘하게 심어둔다 사랑하는 사람에게도 영영 털어놓을 수 없는 말들이 누구에게나 있는데 그게 다 참인 건 아니다

첫눈 아래 숨어
보일락 말락하는 하얀 바위취 같은 것

열차는 일기를 쓰고 싶은 장소들 중에서 가장 진솔한 공간이다

강의 성엣장과 찢어지는 바람 소리
그대로 옮겨 적는다

## 내 것이 아닌 단어들과
### 어느 누구의 것도 아닌 일기장

　　멍청하게도 일기장을 열차에 두고 내렸고 진짜 멍청하게도 일기장을 잃어버렸다는 사실을 몇 년이 지나서야 깨닫고 말았는데 속상하지는 않았다 어차피 누구나 자기 자신의 파편을 매일 조금씩 마모당하고 흘려보내고 있으니까 꼭 그런 식이 아니더라도 언젠가 그렇게 될 일이 그렇게 되었을 뿐

　　이 이야기는 겨울 햇살에 얼룩덜룩하게 그을린 밤갈색 가죽 표지로 장정된 일기장과 그 안에 꽂힌 책갈피용 얇은 천 쪼가리들과 그 안에 담긴 불완전한 음성 기록을 복원하여 비밀리에 녹취한 것임을 밝힌다

　　비록 증거로서의 효력은 없겠지만 이것은 아득한 시간 모험의 소산물이 될 것이다


　　우리는 살아있는 타카하시와 함께 바스타이Bastei 절벽

아래의 작은 마을을 베이스캠프 삼아 모였다 가장 높은 구릉에 올라 끝이 보이지 않는 절벽을 올려다보면서 일정한 박자로 떨어져내리는 물방울을 맞았다 떨어지는 족족 속이 다 비치는 얇은 실크 셔츠의 옷깃에 흡수되었다 얼굴을 간지럽히며 흘러내리는 물방울의 감각만이 우리가 믿는 인과율을 증명해주었다 다들 조금 지쳐 있었고 말이 없었다 눈꺼풀이 촉촉해졌다 타카하시는 윈드브레이커의 지퍼를 입술까지 올려 잠갔다 그의 어깨에 맺힌 물방울은 시간의 절벽 아래로 밀려 떨어지는 순간들처럼 아래로 아래로 끝없이 미끄러졌다 물방울의 수를 일일이 세는 동안 몸살 기운이 돌아 으슬으슬했고 몹시 어지러웠다 그러는 사이 노을이 빠르게 졌다 이튿날 우리는 계획대로 타카하시 가문의 유산과도 같은 특별한 푸른 눈동자에 접속해 절벽 너머로 펼쳐진 거대한 크리스털을 올려다보았다 자연이 만든 성루는 깨끗한 하늘과 대비되었다 이른 아침인데 어디서도 새소리가 들리지 않는 것이 이상했지만 우리를 돕는 현지 가이드인 루트비히 크리크Ludwig Krieck는 이 근방의 새들이 한 번 잠이 들면 잘 깨지 않고 꿈을 길게 꾸느라 그렇다고 설명해주었다 그는 이끼가 잔뜩 낀 축축한 바위에 걸터앉아 다함께 먹을 주먹밥을 준비해주었다 크리크는 타카하시의 먼 친척이기도 했다 그의 눈빛은 토파즈 보석처럼 크고 영롱했고 머리카락은 라일락의 연보랏빛으로 빛났으며 우리는 함께 있는 동안 그가 눈을 감고 있는 모습을 거의 볼 수 없었다 우리와 눈을 맞추려고 하지 않는 것처럼 보일 때도 있었다 넓은 등허리의 반의반도 채 되지 않는 자그마한 다갈색의 륙색Rucksack을 매고 있었고 타카하시가 필요로 하는 것이 생기면 그는 다 알고 있다는 듯이 곧바로 꺼내 챙겨주었다 크리크의 목소리는 너무 낮고 고요했기에 잘 기억나지 않는다 함께 지낸 사람들 중에서 말수가 가장 적기도 했다 말보다 기침을 더 자주 했던 걸로 기억한다 그는 옛날에 이 마을에 일년 정도 머물고 떠난 어느 에스토니아인 탐험가가 두고 간 구형 휴대용 시디플레이어를 항상 자켓 주머니에 가지고 다녔는데 모리스 라벨Maurice Ravel이 작곡한 《밤의 가스파르Gaspard de la Nuit: 알로와즈 베르트랑에 의한 피아노를 위한 3개의 시》가 수록된 음반을 매일 들었고 나중에 알고 보니 시디가 그것 한 장뿐이라고 했다 연주의 전개와 흐름을 다 외우다시피 할 만큼 수없이 반복해서 들었다고 했는데 지금껏 그의 시디플레이어가 한 번도 고장나지 않은 것이 신기할 따름이었다 급수가 여의치 않아 몸을 자주 씻기 어려운 이 마을에서 그는 청결한 외모를 잘 유지했다 가까이

가거나 곁을 스쳐 지나갈 때면 그만의 독특하고 그윽한 체취가 풍겼다 인공의 향이 아닌 누구라도 쉽게 잊을 수 없는 느낌의 것이었다 타카하시는 나중에 그의 이야기를 하면서 시적인 비유를 더했는데 그건 방금 막 구워낸 시간의 향긋한 냄새라고 밖에는 달리 표현할 수 있는 말이 없다며 그동안 자기가 만나본 사람들 중 가장 인상적이었다고 일컬었다 절벽 아래 축축한 밤은 생각보다 너그러웠으나 저 높은 곳으로부터 땅과 공기 전체를 묵직하게 울리는 근원지를 알 수 없는 미스터리한 진동에 시달리느라 좀처럼 잠을 이룰 수가 없었다 눈꺼풀 속의 검은 덩어리가 시간을 자꾸만 밀어냈다 새벽에 일어나 숙소 주변의 고요한 어둠 속을 산책하고 들어오던 나와 마주친 크리크는 포치 옆 나무 의자에 앉아 일기 같은 것을 쓰고 있었다 그곳에는 곧 부러질 것 같은 연필이 사각거리는 소리와 발밑의 거대한 얼음이 점점 더 단단해지는 소리만이 존재했다 해묵은 먼지와 날벌레로 뒤덮인 실링등이 머리 위에서 자꾸만 지지직거렸다 일기의 내용이 궁금했지만 그런 걸 묻는 것은 아무래도 예의가 아닌 것 같아 나는 지난 겨울 내가 열차에서 잃어버린 일기장에 대해 말해주었다 그는 내 이야기를 듣는 내내 시선을 절벽 위쪽으로 향한 채 눈을 깜빡이지도 않고 이따끔 고개를 끄덕이기만 했다 적당히 얼버무리고 다시 방으로 돌아가려는 찰나 크리크는 일기장을 덮어 내게 불쑥 들이밀었다 이 두꺼운 일기장을? 왜 내게? 라는 의문이 들었으나 겉으론 내색하지 않았고 무슨 마음인지 잘 알겠다는 눈빛으로 받아들고는 얼른 방으로 돌아왔다 무거운 나무 문을 열자 시간도 물질도 착 가라앉은 눅눅한 좁은 방에서 오래된 서재 냄새가 났다 내가 살아온 시간보다 훨씬 오래 묵은 듯한 먼지들이 날아와 피부에 달라붙었다 크리크가 건넨 일기장은 어딘지 모르게 온기가 느껴졌고 절반 정도가 이미 그의 일기로 빼곡하게 채워져 있었다 그의 언어로 그만의 개성으로 그라는 실존으로 끊임없는 구토로 너무나도 사실적으로 공포스러우리만큼 진실되게 가죽 표지에 묻어난 시간의 흔적을 매만지며 가슴팍에 잠깐 올려두었는데 나는 대번에 정신을 잃었고 언제 그랬냐는 듯 더는 환청 없이 여느 때보다 깊은 잠에 빠졌다

    시간덩어리
    일기장은 어디로 갔을까

    열차에서 잃어버린 물건은 다 누구의 것일까

건네받은 일기장은 또 누구에게 갈까

먼 미래
미지의 인물에게서
절벽의 이야기는 계속될까?

기억의 이정표가 된 그의 손가락이 1962년의 바스타이 유실물 센터를 가리키고 있다

# 캐스팅 디렉터

1. 너는 종교적인 이유로 무인도에 들어갔다가 어제 막 고향으로 돌아온 에드워드 역할을 맡도록 해

2. 너는 단짝 친구에게 씻을 수 없는 상처를 남기고 고향을 떠나 성직자가 된 마티유 역할을 맡도록 해

3. 너는 정확히 열일곱 생일부터 스물일곱 생일 사이의 기억을 잃어버린 파스빈더 역할을 맡도록 해

4. 너는 어렸을 때의 트라우마로 인해 검정색 타투 공포증이 있는 가와세 역할을 맡도록 해

5. 너는 심리학을 전공한 뒤 거의 오십 년 동안 전 세계의 온갖 미로를 설계하는 일을 한 안드레이 역할을 맡도록 해

6. 너는 평생 한 권의 소설도 읽지 않고 베스트셀러 소설가가 된 파트리시우 역할을 맡도록 해

7. 너는 선천적으로 커피체리 알러지가 있는 케냐

의 커피 유통업자 세자르 역할을 맡도록 해

　　8. 너는 오직 여섯 개의 단어로만 말을 하는 백은진 역할을 맡도록 해

　　9. 너는 집 없이 홀로 세계의 유적지를 떠도는 슈투트가르트 출신의 유대인 고고학자 에른스트 역할을 맡도록 해

　　10. 너는 오늘부터 다시는 드럼 스틱을 잡지 않겠다고 결심한 김윤범 역할을 맡도록 해

　　11. 너는 흉작으로 버려진 포도밭에서 태어난 벨라루스의 난민 소녀 마리냐 역할을 맡도록 해

　　12. 너는 손목에 아무것도 차지 않는 에든버러 토박이 골동품 시계공 필립 역할을 맡도록 해

　　13. 너는 국제적으로 명성이 높은 젊은 포커 플레이어의 개인 정원사 로베트로 역할을 맡도록 해

　　14. 너는 가는 여행지마다 반드시 그곳의 사찰을 방문해 절밥을 얻어먹곤 하는 다큐멘터리 영화 감독 목정훈 역할을 맡도록 해

　　15. 너는 숲속의 마을에서 자란 여섯 살 때부터 새들을 너무나 사랑해서 멸종 위기의 조류를 연구하는 학

자를 꿈꾸는 진페이 역할을 맡도록 해

    16. 너는 십칠년 째 피에로 복장을 하고 공원들을 돌아다니며 자신이 피카소의 환생이라고 자처하고 다니는 다르미안 역할을 맡도록 해

    17. 너는 와인만 마셨다 하면 울어버리고 제대로 기억도 못하면서 전애인들에게 다짜고짜 전화를 걸어 이름을 헷갈려 하는 올리버 역할을 맡도록 해

    18. 너는 투렛 증후군을 앓고 있으면서 유튜브 비디오를 통해 전 세계적으로 유명해진 퍼포먼스 아티스트 이샤나 역할을 맡도록 해

    19. 너는 폴란드 국적의 혼혈로 태어나 동유럽 국가들의 동화책을 한국어로 옮기는 프리랜스 번역가 김도경 역할을 맡도록 해

    20. 너는 일본의 전통 인센스를 사랑하는 수집가 나오미 역할을 맡도록 해

    21. 너는

## 알리바이



모르는 얼굴들이 저기에 서 있다는 사실이 아무래도 좀 수상하지

나 이 집에 산 지 대충 십오 년쯤 된 것 같은데
　도대체 저 커다란 나무는 언제부터 저 자리에 있던 거지 공원의 거인들은 다 어딜 간 거지

내가 보고 있는 건
누구의 표정이고 누구의 오해일까

너 어떻게 그렇게
태연할 수 있지

나무가 아니라 마치 오래된 건물을 지키고 서 있는

문지기 같아 껍질 속에 문이 여러 개 있을 듯해 활짝 열릴 듯해 다들 어떻게 빠져나간 걸까

본격적인 탐문이 시작되자 나무들이 속한 풍경이 대열과 구도를 바꾸기 시작한다 아무도 모르게 쉬지 않고 서서히

없는 줄도 몰랐던 것과 분명히 있었던 것
시늉과 각본

땅에 몸을 대고 숨어
몰래 듣고 있는 거인은
어떤 소문에도 끄떡하지 않는다

거인의 부재에 대해서는 아무도 거론하지 않는다 그의 완벽한 알리바이를 깨뜨릴 수 없다는 걸 알기 때문이다 거인은 나무의 정체를 아는 유일한 사람이고 사람이 사람을 사랑한다는 것의 의미에 대해서도 누구보다 잘 알고 있으며 내게 진짜 사랑을 가르쳐 즌 은인이기도

했다

　　모르는 나무들이 있는 그곳은 엄밀히 말해서 숲이라고 할 순 없지만 그렇다고 또 숲이 아니라고 말하기는 좀 애매한데 어쨌거나 우리는 적당히 얼버무리기보다는 엄밀히 말하기를 선호하니까 누구든지 건강한 사랑을 배우고 한 걸음 두 걸음 나아갈 수 있도록 돕는 공동 정원이라고나 할까 다양한 직업의 사람들이 모여 저마다 이름 붙인 나무들을 심어두는 공동 정원이라고나 할까 누굴 데리고 와도 평등한 대화가 가능한 장벽 없는 공동 정원이라고나 할까 방향이 모두 제각각인 여러 개의 하얀 의자가 둥그렇게 놓여 있고 일단 의자에 앉으면 서로 얼굴을 마주보지 않고도 누구나 각자의 내밀한 이야기를 푸념하듯이 털어놓게 되는데 내 이야기를 하다 보면 자꾸 얼버무리게 된다 물론 그러고 싶어서 그러는 건 아니고

　　땅에 몸을 대고 숨어
　　몰래 듣고 있고 싶다

땅에 몸을 대고 숨어
거인의 진짜 소문들을 수집하고 싶다

한 그루 한 그루의 자세한 알리바이는 다른 나무들만이 알고 있고 수상한 사람이 다가오면 나무들은 마치 나무가 아닌 척 부재를 연기할 줄 안다

서로가 서로를 지키기 위해서

숨어
몰래

거인의 행방은 묘연하고 나는 여전히 거인이 퍼뜨린 사랑에 연루되어 있다

내가 사랑한 모든 것의 알리바이를 알고 싶어서
거인의 흔적을 수소문한다

알리바이는 환상일까?

증명할 수 없다고 해도 누구에게나 사랑받을 수 있는 건지?

해가 저물지 않는 테라스
은밀한 포옹
한여름의 히비스커스
부서진 의자
푼크툼Punctum*

단 한 번의 은유로 어긋나버린 시절
거인들이 다 떠나버린 계절

어떤 나무는 수다스러운 책장이 되고 어떤 나무는 귀를 기울이는 고해성사소가 되고 어떤 나무는 거처를 잃은 영혼들의 최후 변론이 되고 어떤 나무는 벽에 걸린 채 모든 이야기를 듣는 액자가 된다 아는 나무는 모르는 나무가 되고 모르는 나무는 아는 나무가 된다 눈앞에 어린 시절의 책상이 나타난다 정말로 내것이었는지는 어렴풋한데 질료가 나무이므로 형태와 기능이 자유롭게 모핑

된다 책상은 그 자체로 기억의 수도원이고 불에 타지 않는 알리바이이며 일인칭의 책상들을 통해 거인의 유년기를 우리가 함께 만들어가고 있는 것이다

    사람이 사람을
    사랑한다는 것의 의미를 배우며

    숨어
    내 안에

    거인은 영영 떠나버렸다

---

\* 사전적 정의는 반점. 롤랑 바르트에 의하면 어떤 것을 봤을 때의 철저히 개인적인 충격과 여운의 감정.

## 알리바이

얼굴들이 사라지자마자 창문을 닫아버린다

시들지 않는 나무들로 가득한 공동 정원

두 점의
아니 한 쌍의
의자

예전에 스크랩해 둔 다큐멘터리 비디오를 보는데 나무 의사에 관한 이야기가 흥미로웠다

    나무 의사라는 직업은 고대의 마을에 꼭 한 명씩 있었던 점성술사들과 유사한 점이 많습니다. 나무들은 아주 오랜 세월 동안 밤마다 별들을 지켜봐 왔고, 별들의 시작과 끝을 잘 알

고 있고, 그만큼 오래된 나무들만이 미래와 맞닿을 수 있으니까요. 그 일이 지금껏 이어져 내려와 땅과 흙과 나무들의 시간을 지키고 있는 거지요. 나무 의사가 되는 길은 생각보다 까다롭고 복잡해요. 첫 해의 나무 의사 자격 시험 최종 합격자는 단 한 명뿐인데, 정말 특별합니다. 없어선 안 될 존재이지요. 우리는 그의 사랑과 헌신을 영원히 기념할 것입니다. 그는 모르는 나무들과도 언제 어디서나 스스럼없이 잘 지냅니다. 수십 년째 지금의 자신을 있게 해준 나무들의 알리바이를, 아무도 확인할 수 없는 시간의 빈틈을 홀로 추적하고 있습니다. 평생을 쏟고 있어요. 절대로 고층 건물에는 올라가지 않고, 대부분의 시간에 땅에 몸을 대고 있습니다. 마음 먹은대로 시간 여행이 가능하고, 가까운 미래를 내다보며 보다 원숙한 인류의 사랑과 언어를 학습하고 있습니다.

연구에 따르면 흙으로 몸을 씻어냄으로써 무수히 갈라진 미래의 한 갈래와 닿을 수 있다고 한다

멀리 떨어져 있는 두 시공간은 생각보다
꽤 유연하구나

정원은 혼자 꾸려 나갈 수가 없구나

내가 없는 꿈속에 과연 누굴 초대할 수 있을까?

둥근 유리알이
꿈틀
책상 위에는
마구 짓이겨진 꽃잎들

솔직한 아픔

흙으로 몸을 씻는다

비스마르크 노빌리스의 은빛 잎사귀를 깨끗이 닦아 주는 뒷모습이 마치 거기에 있는 줄도 몰랐던 하나의 투명한 테라리엄 같다